rabbit

raft

Rr

rat

rattle

rocket

rain

ruler

red rose

Rr

rat

rabbit

raft

rattle

rocket

rain

ruler

red rose

The picture on page 10 is of a **rake**.

Ransom Alpha Stars

Aa	**Rr**	sh
Bb	Ss	th
Cc	Tt	ng
Dd	Uu	ai
Ee	Vv	ee
Ff	Ww	oa
Gg	Xx	igh
Hh	Yy	oo
Ii	Zz	ar
Jj		or
Kk	ck	ur
Ll	ff	ow
Mm	ll	oi
Nn	ss	ear
Oo	zz	air
Pp		ure
Qu/qu	ch	er

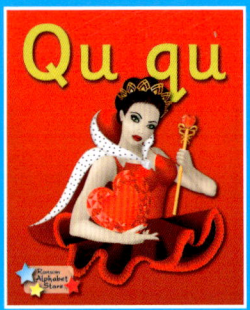
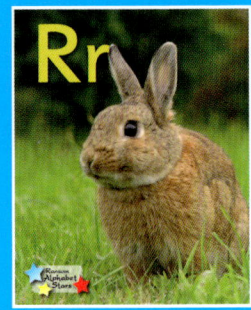

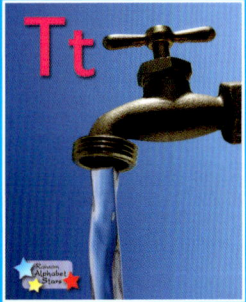

ISBN: 978-178591-166-8

www.ransom.co.uk

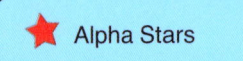

Alpha Stars